Georges Dacquois

Avant la fin des jours

AVANT LA FIN DU JOUR

COMÉDIE EN UN ACTE, EN VERS

Représentée, pour la première fois, sur la scène des MENUS-PLAISIRS
par le Cercle des Escholiers, le 31 mai 1895.

GEORGES DOCQUOIS

AVANT
LA FIN DU JOUR

COMÉDIE EN UN ACTE, EN VERS

PARIS
TRESSE & STOCK, ÉDITEURS
8, 9, 10, 11, GALERIE DU THÉATRE-FRANÇAIS
PALAIS-ROYAL
—
1895

A

HENRI RÉVEILLEZ

pour
tant de bonnes tasses
d'un moka
consolateur

G. D.

Paris, 15 mai 1895.

PERSONNAGES

LE BERGER, 40 ans	MM. RICHE.
LAMARCHE, 28 ans	JANVIER.
LE CLERC, 25 ans	RÉMONGIN.
LIANE, 26 ans	Mlle IRMA PERROT.
LA GUILLOTTE, 18 ans	VERLAIN.

———————

AVANT LA FIN DU JOUR

Pâturages étagés au versant d'une grasse vallée. Epaisse et haute haie d'aubépine passant — diagonalement — du troisième plan gauche au deuxième plan droite, et coupée, à droite, d'une barrière rustique mobile. Cette barrière donne accès à un champ profond planté de pommiers en fleurs. En scène, encore des pommiers, issant d'une route herbue sur la droite de laquelle, entre les premier et deuxième plans, un monticule gazonné, lequel affecte la forme d'un banc un peu élevé. Durant tout l'acte — sauf pendant les scènes III, IV, et V — continu lintement doux des clarines d'un invisible mais proche troupeau de moutons.

SCÈNE PREMIÈRE

LA GUILLOTTE, LE BERGER.

LA GUILLOTTE, assise, face à la haie, sur le banc d'herbe, tient en ses mains un numéro du *Petit Journal*. Elle en achève le feuilleton avec les hésitations et les lenteurs de quelqu'un qui sait lire depuis très peu de temps.

Mais l'huissier annonça comme on servait le thé:
« Monsieur Fix, président de la société

Pour l'exploitation des phosphates de cuivre! »
Tous les yeux se tournèrent vers la porte... A suivre.
JULES MARY.

LE BERGER, derrière la haie, à droite. On ne voit que
son chapeau.
Feuilletoniste de grand ton!

LA GUILLOTTE.

Mais, pourquoi finit-il ainsi son feuilleton?...
Berger, que disait donc le dernier?... Je m'y noie.
J'y comprends rien de rien...

LE BERGER.

T'es bête comme une oie.

LA GUILLOTTE.

Berger! vous insultez la gent de mon troupeau,
En me traitant ainsi!

LE BERGER.

T'es bête... comme un pot.
Il disparaît à droite.

LA GUILLOTTE, le nez dans la feuille.

C'est bon. J'aime mieux ça. Comme un pot je suis bête.
Et quant à mes oisons...
Elle se lève, court vers la gauche et regarde.
avec le jars en tête,
Ils sont là, dans ce champ, on marche, le bec droit.
S'ils sont bêtes, c'est pas leur faute, et c'est leur droit.
Et, d'ailleurs, les rentiers de la bourgade proche
Leur trouvent de l'esprit — dès qu'ils sont à la broche.
Revenant à la haie, extrême droite.

Berger!... Il est parti!... Cher berger, au revoir!

> On entend encore, s'affaiblissant, le bruit des clarines
> du troupeau qui s'éloigne.

SCÈNE II

LA GUILLOTTE, seule.

LA GUILLOTTE.

Et maintenant, je m'en vais faire mon devoir.

> Elle est venue s'agenouiller derrière le banc d'herbe, sur
> lequel elle dispose un cahier, un encrier et une plume,
> qu'elle a tirés de son bissac.

Oui, mon devoir: ma page d'écriture anglaise!...

> Assise sur ses talons, elle se prépare à travailler.

Sur cette table d'herbe fine on est à l'aise...

> Elle s'applique en tirant la langue.

Le-bou-le-vard-est-laid. Je-hais-le-bou-le-vard.
Bon! j'ai fait un pâté... Je n'ai pas de buvard...
Bah!

> Coup de langue sur la page. — Grimace.

Pouah! Que c'est amer, l'encre!... Ça m'humilie
De vous voir, belle page blanche, ainsi salie...

> Elle s'applique de nouveau.

Tant pis!... *Le-bou-le-vard-est-laid.*

> Elle s'arrête soudain, paraît songer, en suçant le bout du
> porte-plume, puis se met à rire.

C'est amusant
De pouvoir, tout le long du jour, en s'instruisant
Ainsi que je le fais, gouverner la volaille.

1.

Oh! oui, c'est amusant de la suivre, où qu'elle aille,
La gaule en cette main, et, dans l'autre, un journal!...
      Levée et déclamant :
O gardeuse d'oisons, tu n'as rien de banal!
    Plume à l'oreille, elle s'asseoit, face au public, sur le coin
      gauche du banc.
Le mois dernier, le berger m'a dit: « Tu sais lire,
Enfin! Bon. Maintenant, pour toi je vais élire
Un autre genre d'exercice. — Applique-toi,
Si tu veux prendre, un jour, ta place sous mon toit.
Oui, puisque j'entrepris, Guillotte, ta culture,
Je continue en te mettant à l'écriture. »
Voilà ce que me dit le berger. A tâtons,
Je me mis, sur son ordre, à tracer des bâtons.
J'en fis, j'en fis, j'en fis! J'en fis cent pages pleines!
Des bâtons! j'en ai fait de quoi boiser deux plaines.
Sur vingt cahiers presque aussi grands que des mouchoirs,
    Elle étale, en le faisant claquer, le sien qui est immense.
J'en ai bien fait de quoi garnir mille perchoirs!
Avec tous ces bâtons, mes aïeux, niquedouilles,
Oui, vous eussiez battu vingt mares à grenouilles!
Des bâtons! j'en ai fait — travaux exorbitants! —
De quoi rosser le guet pendant plus de cent ans!

SCÈNE III

LA GUILLOTTE, LE CLERC.

Venu le gauche, le long de la haie, Le Clerc, depuis un moment,
écoute, stupéfait, La Guillotte, derrière qui il se tient.

LE CLERC, à part.

Dans une telle bouche un tel savoir détonne.
Par Solon! Par Thémis! cette fille m'étonne!
Ah! ma foi! je l'embrasse.

> Il lui plante un baiser sur le cou.

LA GUILLOTTE, effarée, se levant.

Audacieux humain!
Pour vous punir, que n'ai-je un bâton sous la main!
Mais, j'ai ma gaule! attends un peu!

> Elle va ramasser une longue gaule près de la haie.

LE CLERC, saluant avec un respect comique.

Mademoiselle,
Grâce! Pardonnez-moi ce court excès de zèle.
Que je meure, si j'ai voulu vous offenser!

LA GUILLOTTE, brandissant sa gaule.

Fort bien, monsieur! mais n'allez pas recommencer!

LE CLERC.

Non, non! Mais, par Thémis! remisez cette perche!

LA GUILLOTTE.

Allez vous promener ailleurs qu'ici!

> Elle se réinstalle derrière le banc.

LE CLERC.

Je cherche

Un berger...

LA GUILLOTTE, au travail.

Cherchez donc!

LE CLERC, inspectant l'horizon, vers la gauche, par-dessus
la haie.

Eh! je cherche! En cherchant,
J'aperçois, tout là-bas, tout là-bas, dans un champ,
Des miniatures d'autruches, — votre bande,
Sans doute, qui s'en va faire la contrebande?

LA GUILLOTTE, bondissant.

Quoi! mes oisons m'auraient lâchée!

Elle inspecte à son tour.

Ah! c'est gentil!

Me voilà propre! Quelle course!

En un clin d'œil, revenue au banc, elle fourre cahier,
plume et encre dans son bissac.

LE CLERC.

Ai-je menti?

La Guillotte a de nouveau ramassé sa gaule et va pour
s'élancer vers la gauche. Le clerc la retient par un bras.

Minute!

LA GUILLOTTE, se débattant.

Lâchez-moi! Je cogne!

LE CLERC, la maintenant.

Moi, je pense
Que mon renseignement mérite récompense.

LA GUILLOTTE.

Je cogne, vous savez?

LE CLERC.

Le berger, où?

LA GUILLOTTE, désignant la droite.

Par là.

LE CLERC, la lâchant.

Vigilante gardeuse, au revoir!

Il sort à droite, tandis que la Guillotte, en courant vers la gauche, se heurte violemment, avant de disparaître, dans Liane, qui, suivie de Lamarche, arrivait par ce côté.

SCÈNE IV

LIANE, LAMARCHE.

LIANE, sautant sur un pied.

Oh! la la!

Elle m'a fait un mal affreux, cette pécore!

LAMARCHE, tenant l'ombrelle que Liane a laissé échapper de sa main, s'approche, compatissant.

Liane...

LIANE, furieuse.

Laissez-moi!

LAMARCHE.

Bon! c'est ma faute encore,

Probablement?

LIANE.

C'est votre faute, évidemment!
Ah! qu'en votre campagne on prend donc d'agrément!
Les champs! Les champs!!! Est-il rien de plus insipide?

LAMARCHE.

Liane, voyons...

LIANE.

Non! car vous êtes stupide!
A-t-on soupçon d'une telle imbécillité?
Ma jupe est en lambeaux, mon corsage gâté...
Ah! je suis fraîche!... Et puis, j'ai marché dans la crotte
De ridicules animaux!... Et puis, je trotte
En d'horribles chemins qui ne sont point pavés!
Vous croyez que les gens ne sont pas énervés
D'être exposés à d'aussi sottes aventures
En des endroits sans décrotteurs et sans voitures?

LAMARCHE.

Si vous n'aviez cette funeste obsession
De frôler des halliers dont la profession
Est de darder des tas d'épines...

LIANE, pâmée.

Oh! de grâce!
Pour cette métaphore il sied qu'on vous embrasse!
Oh! « la profession des halliers »! Quel esprit!
Votre maître à parler, sans aucun doute, prit
Beaucoup d'argent à votre père, — le pauvre homme! —
Pour vous donner ce ton de l'ancienne Rome?

LAMARCHE.

Peste! ma chère! mais vous-même...

LIANE.

Mais, mon cher,
Je fus dans un lycée, et j'ai coûté très cher
A ma famille!

LAMARCHE.

Eh! bien, alors?...

LIANE.

Monsieur Lamarche,
Du gros de mes griefs n'entravez point la marche!
Or, vous m'avez bourrée, à déjeuner, de pain
Rustique! et vous m'avez fait manger du lapin!!!

LAMARCHE, doux.

Observez que c'est le premier que je vous pose.

LIANE, sèche.

Et le dernier, monsieur!

LAMARCHE, affaissé.

Las!

LIANE, résolue.

Car je me propose
— La farce, en somme, ayant suffisamment duré —
De vous abandonner sans retard dans ce pré.
Vous y pourrez rêver sur un lyrique mode,
Puisque de tout ce vert votre goût s'accommode!

LAMARCHE.

De quelle farce, ô mon amour, parlez-vous donc?

LIANE.

De celle dont, parbleu! vous êtes le dindon!

LAMARCHE.

Pouvez-vous plaisanter de la sorte! Quelle âme
Avez-vous? Et quel cœur?

LIANE.

Voyez comme il déclame!
Que viennent faire ici mon âme et puis mon cœur?
Ah! c'est bien vous : plus ampoulé qu'un chroniqueur!

LAMARCHE, qui tient toujours l'ombrelle, lève les bras au
ciel, et tombe assis sur le monticule.

Cynisme de la femme!!!

LIANE.

Encor!... Je vous engage
Fort à simplifier votre usuel langage.
Vous ne trouverez pas mauvaise la leçon?
Tant que vous fûtes riche, ami, votre façon
D'éternelle grandiloquence, au lit, à table,
Au cabaret, partout, demeura supportable.
Même, j'applaudissais. Vous aviez tant d'argent!
Votre poche étant pleine, il était très urgent
De vous trouver beaucoup d'esprit. Oh! vous en eûtes
Du meilleur, j'en conviens, à certaines minutes.
Mais, récemment, votre fortune trépassa.
Mon pauvre cher, il ne vous reste, hélas! pas ça.

L'ongle claque sous la dent.

Non, pas même deux sous pour m'offrir une tasse,
S'il advenait, qu'ayant grand'soif, je l'acceptasse.

LAMARCHE, accablé.

Tout est ratiboisé! C'est vrai, je suis sans or!

LIANE.

Ne vous étonnez pas si je prends mon essor,
Les choses en étant à ce point. Je suis faite,
Mon bon, vous le savez mieux qu'aucun, pour la fête
Où l'on va, chaque soir, en son grand tralala.
Pouvez-vous m'y mener encore? tout est là.
Oui, *that is the question*, comme disait Shakespeare.
Vous ne le pouvez pas? Alors, pour un empire,
Je ne saurais rester un seul instant de plus
En cet endroit.

LAMARCHE, les mains jointes, l'ombrelle dedans.

Liane!...

LIANE.

Oh! regrets superflus!
Pané le tourtereau, vole la tourterelle!
Là-dessus, adieu, cher! Rendez-moi mon ombrelle...
Elle la lui prend de ses mains, qui demeurent jointes.
Vous m'avez fait passer, parfois, de bons moments.
Veuillez en accepter tous mes remerciments.
Adieu!
Riant.
Je ne suis pas d'adieux très économe.

LAMARCHE, tombant sur les genoux et sur les mains.

Ho! ho! ne m'abandonnez pas!

LIANE.

Soyez un homme,
Voyons! Ne marchez pas ainsi sur vos genoux.
Oh! point de drame, n'est-ce pas? Séparons-nous,

Puisqu'il le faut, après ces paroles dernières,
En gens chic, s'il vous plait, sans faire de manières.

LAMARCHE, se relevant.

Liane, vous avez raison. Ma dignité
Naufrageait dans cette posture, en vérité.
Or, me voici debout. Je ne fais plus de drame.
Je vous rappelle, simplement, que le programme
De ce suprême jour comporte un numéro
Final, que vous semblez tenir pour un zéro.

LIANE, étonnement joué.

Quel numéro final?

LAMARCHE, lui indiquant le banc.

Souffrez que je m'explique.

LIANE, après une hésitation, s'asseyant.

Faites vite, et ne soyez point parabolique.

LAMARCHE.

Je serai bref. J'avais deux jolis millions
Quand je vous rencontrai. J'étais de ces lions
Que sur les boulevards recherchent ces dompteuses
Pour qui les couturiers font des modes coûteuses.
Vous me domptâtes. Bien. Et je fus généreux.
Je n'eus pas à m'en repentir. Je fus heureux.
Tout comme Alphonse Allais, vous aviez : *Pas de bile!*
Pour devise. De plus, vous fûtes très habile
A m'offrir le détail des plaisirs inédits
Qu'en province, d'anciens viveurs m'avaient prédits.

LIANE.

Tiens! tiens! vraiment?

LAMARCHE.

Oui, vous aviez une science
Profonde des moyens... Puis, une patience
A vous faire un renom chez les fêtards fourbus
Par plus de quarante ans de pratique et d'abus.

LIANE.

Bref, vous fûtes heureux.

LAMARCHE.

Oui. Je vous rends hommage.
Mais je n'avais que deux millions...

LIANE.

C'est dommage.

LAMARCHE.

Eh ! oui, deux millions n'étaient pas suffisants...
Au train dont vous viviez...

LIANE.

Ils durèrent deux ans !
Plaignez-vous !

LAMARCHE.

Mais...

LIANE.

Laissez votre défunte somme.
Toujours ainsi parler d'argent, cela m'assomme.

LAMARCHE.

Vous êtes admirable! admirable!

LIANE, tirant sa montre.

Je suis
Surtout d'avis que le temps passe.

LAMARCHE.

Je poursuis.
Je fus pendant deux ans l'entreteneur modèle,
Aimant fort, payant mieux. Me fûtes-vous fidèle,
Vous, en retour? Je n'en suis pas très convaincu.
C'est une question, cela : fus-je cocu?
Bah! qu'est-ce que ça fait? Le fus-je? Ne le fus-je
Point?... Non, je m'abstiendrai de chercher un refuge
Dans ce Shakespeare auquel vous fîtes un emprunt,
Tantôt... Etait-il blond, ou bien était-il brun?
Etait-il roux, l'homme avec qui vous me trompâtes?

Liane veut parler.
Je n'en veux rien savoir! Je m'en lave les pattes...
Etait-il jeune? Etait-il mûr? Etait-il vieux?

LIANE, crispée.

Oh! assez!... Je vous fus fidèle, là!

LAMARCHE.

Tant mieux!
Mais je m'en fiche en toutes lettres! Je m'en fiche
En caractères hauts comme ceux d'une affiche!

LIANE.

Bien! vous vous en fichez. Après?

LAMARCHE.

Je vous aimais,
Hélas! j'eusse voulu ne vous quitter jamais.

Or, l'amour avec vous ne va plus sans fortune.
Et vous avez trouvé la rupture opportune.
Hier, vous m'avez dit : « Cher, c'est fini, nous deux. »
Mais, j'avais des amis. Je m'en fus donc près d'eux
Et leur tins ce discours : « L'affaire est importante.
» Il ne me reste plus un sou ; mais ma grand'tante
» Est gravement malade, et je dois hériter
» D'elle trois millions. Vous allez me prêter
» Cinquante mille francs. C'est une bagatelle. »
Ils répondirent : « Ta grand'tante est immortelle,
» Mon cher ! N'a-t-elle pas ses quatre-vingt-cinq ans ?
» Elle ira jusqu'à cent. Ces cas-là sont fréquents... »
D'ailleurs, ils n'avaient point d'argent. A la roulette,
Tous avaient remporté la culotte complète,
La veille, à les en croire. Ils furent très gentils,
Au demeurant, et quand de chez eux je partis,
Ils me crièrent tous — chose réconfortante ! — :
« Nous allons prier Dieu d'achever ta grand'tante. »

LIANE.

De grâce, finissez !

LAMARCHE.

　　　Té-lé-gra-phi-que-ment.
J'allai notifier mon sombre dénûment
A quelques usuriers des plus israélites.
Ils prêtaient à des taux tellement insolites
Que je n'insistai point...

LIANE.

　　　Et je m'en réjouis
Pour vous.

LAMARCHE.

Mais un cercleux me devait cent louis.
Je courus chez Pousset. C'était l'heure très sainte
A laquelle cet homme aspirait son absinthe.
Je le trouvai. « Mon vieux, qu'est-ce que vous prenez?»
Fit-il. « Asseyez-vous. Mais, quel diable de nez
» Vous faites!... »

LIANE.

Vos récits sont vraiment très fertiles
En détails. Par malheur, vos détails sont futiles.
Je sais le reste de l'histoire. Allons, passons.
Le tapeur vous donna cent francs, que sans façons
Vous prîtes...

LAMARCHE.

C'est exact. Je les reçus à compte.

LIANE.

Ne m'interrompez plus. Voici la fin du conte
En quatre mots. Chez moi vous vîntes, hier soir,
Pour me prier, avec des larmes, de surseoir
D'un jour à la rupture entre nous consentie.
Je me laissai toucher. L'offre d'une partie
De campagne, au seuil vert de ce joli printemps,
Me fut faite par vous sous des aspects tentants.
Vous y consacriez vos ultimes centimes,
Très noblement. Je fus tentée, et nous partîmes.
Je vous fis, moi, le sacrifice de mon teint,
Et consentis à prendre un train de grand matin.
Mais vous n'étiez pas gai, mon cher! Je bâillais ferme!
Et nous nous sommes disputés dans cette ferme

Où nous avons mangé ce lapin si mauvais!
Et le programme est clos, je pense; et je m'en vais.
Ici, c'est très joli, mais Paris est plus drôle.

Elle s'est levée et fait un pas vers la gauche.

LAMARCHE, lui barrant le chemin.

Non, le programme n'est pas clos! Non, votre rôle,
Au baisser de rideau de notre liaison,
Ne devait pas ainsi finir en trahison!

LIANE.

Qu'est-ce que ce pathos?

LAMARCHE.

Eh! quoi! vous auriez l'âme
De me quitter de telle sorte! Je réclame...

LIANE.

Quoi?

LAMARCHE.

Ce que tu sais bien! ce que tu m'as promis!

Il lui prend la taille.

Tout près d'ici, ce petit bois...

Il montre la droite.

LIANE.

Est-il permis!
Mais il est fou! Voyez un peu ce qu'il me chante!

LAMARCHE.

Liane, entendez-moi! Ne soyez point méchante!

Au lointain, tintement des clarines en approche.

Je comptais tant vous voir — si douce est la saison! —

Ecouter votre cœur plus que votre raison...
Pourquoi mettre ainsi dans la clémence des choses
Le refus inclément de vos regards moroses?

LIANE, avec une feinte patience.

Encore du pathos?...

LAMARCHE, passionné.

Tout chante autour de nous
L'hosannah de l'amour!... Faut-il à vos genoux
Parler lyriquement, comme en littérature?...

LIANE, moqueuse.

Non, votre dignité souffre en cette posture.

LAMARCHE, joyeux.

Ah! vous riez!

LIANE.

Mais non.

LAMARCHE, suppliant.

Ne m'exaspérez pas,
Et laissez-vous mener, en ce bois, pas à pas.
Il essaie de l'entraîner.

LIANE, se dégageant.

C'est grotesque, à la fin! Lâchez-moi, je vous prie!
Finissons au plus tôt cette plaisanterie!
Et laissez-moi passer. Faites-moi ce plaisir.

LAMARCHE, de plus en plus nerveux.

Liane, vos façons irritent mon désir!
Il veut encore lui prendre la taille.

LIANE, se dégageant de nouveau.

Pour me débarrasser de cet homme-salpêtre,
Quand donc passera-t-il, le bon garde-champêtre!

LAMARCHE, tombé sur les genoux.

O Liane! Pourquoi plus longtemps m'affliger?
Dites! allons au bois!... C'est l'heure du berger!

SCÈNE V

LIANE, LAMARCHE; LE BERGER.

A partir de cet instant, les clarines de l'invisible troupeau
définitivement proche égoutteront leurs notes d'argent
jusqu'à la fin de l'acte. — Dès l'invocation de Liane au
garde-champêtre, le berger est apparu derrière la barrière.

LE BERGER, au seuil du champ.

Qui parle du berger et de l'heure qu'il sonne?

LIANE.

Ah! bon monsieur, délivrez-moi de la personne
Que voici!

LAMARCHE, se relevant.

Bon monsieur! Vous m'avez l'air loyal.
Soyez donc, s'il vous plaît, le juge impartial
Du différend.

LIANE.

Je le veux bien, soyez l'arbitre.

LE BERGER, sortant du champ.

J'y consens volontiers. Plaideurs, passez-moi l'huître.

LIANE.

L'huître?

LE BERGER.

Eh! oui, du débat étalez-moi l'objet.

LIANE.

Bien ! — Monsieur, qu'un désir des plus bas ravageait,
Prétendait me traîner vers de prochains ombrages
Pour m'y faire subir les suprêmes outrages.

LAMARCHE.

Et madame disait, restant sourde à ma voix :
Les vivres sont coupés, nous n'irons plus au bois.

LE BERGER.

Gardes! faites sortir les femmes de la salle !
Le débat est risqué. La matière en est sale.
De l'immoralité peut en couler à flots,
Et je suis obligé d'ordonner le huis-clos...

                                        Un temps.

Nous sommes seuls? Examinons la bagatelle.
Voyons, qui de vous deux a tort?

LIANE.

                        C'est lui !

LAMARCHE.

                                C'est elle !

LE BERGER.

Eclaircissons. Monsieur, dites-moi de quel droit

Vous prétendiez mener madame en un endroit
Planté d'arbres. Madame, et vous, pour quelle cause
Prétendiez-vous ne pas vous prêter à la chose?

LAMARCHE, à Liane.

Je parle?

LIANE.

Allez.

LAMARCHE.

L'histoire est brève.

LE BERGER.

Soyez rond.
Pour la conter, n'imitez point ce forgeron
Que montra si bavard monsieur François Coppée.

LAMARCHE.

Vous allez l'avaler toute d'une lampée.
Voici. Je possédais deux jolis millions

Il montre Liane.

Quand je la rencontrai. J'étais de ces lions...

LIANE.

Oh! si vous la prenez de si haut, votre histoire,
Vous risquez d'endormir le juge en son prétoire!

LE BERGER, sentencieux.

Jamais à cause grasse un juge ne dormit.
Si, parfois, il ferma les yeux presque à demi,
Ce fut pour mieux goûter quelque détail salace.

LIANE.

Parfait! mais j'ai grand'peur que monsieur ne vous
A mesure qu'il va, son discours s'élargit   [lasse.

Sans prendre fin. Songez que, comme Le Bargy,
Monsieur a fait deux grandes fois sa rhétorique!

LE BERGER.

Que me dites-vous là! C'est vrai?

LAMARCHE, modeste.

C'est historique.

LIANE.

Dans ces conditions, vous comprendrez pourquoi
A sa place je veux...

LAMARCHE.

Pourtant...

LIANE.

Tenez-vous coi!

LE BERGER.

Tenez-vous cois tous deux. C'est bien trop de paroles.
Je suis un peu versé dans l'art de Desbarolles.
Pour voir en votre cas, je sais un sûr chemin.
Je m'en vais, tout de gô, lire dans votre main.

LIANE, joyeuse.

Eh! quoi! vous nous diriez...

LE BERGER.

Votre bonne aventure.

LIANE.

Quoi! La chose passée?

LAMARCHE.

Et la chose future?

LIANE, inquiète.

Comment j'ai débuté?

LAMARCHE, grave.

Comment je dois finir?

LE BERGER.

Le grand jeu! Le passé, le présent, l'avenir!

LIANE, battant des mains.

Un sorcier!

LE BERGER.

Comme tout berger qui se respecte.
Or ça! donnez vos mains, afin que j'en inspecte
Les lignes et leurs accidents indicatifs.

Liane et Lamarche lui livrent, chacun, une main. — Le
Berger tâte ces deux mains en même temps. Puis, il
prononce.

Paumes molles. Vos mains sont des mains d'instinctifs.

LAMARCHE, vexé, retirant sa main.

D'instinctifs!...

LE BERGER.

Par endroits, la chair en est bouffie.

LAMARCHE.

Ah! vraiment?

Il constate les bouffissures de sa main, qu'il retend en-
suite au Berger.

LE BERGER.

Gardez-la.

2.

Comme Lamarche insiste :
Non, je vous la confie.
Dans un petit instant, j'en ferai l'examen.
Madame avant. Voyons cette mignonne main.

Il examine la main de Liane qu'il n'a point lâchée.
Ho! ho! votre Mercure est vraiment très insigne!
Il est très gros...

LIANE.

Quoi? mon Mercure...

LE BERGER.

C'est le signe
Chez vous du grand désir de l'acquisivité.

LIANE, cherchant.

De l'acquisi...

LE BERGER, l'interrompant.

Parfaitement. D'autre côté,
Votre Vénus est sillonné... Dans la main gauche...
Il lui prend la main gauche et l'examine.
Il l'est aussi...

LIANE.

Cela veut dire?

LE BERGER.

Eh!... la débauche.

LIANE.

Ah! mais! ah! mais! berger, allez-vous bien finir!

LE BERGER, lâchant la main de Liane.

Tout de suite, si vous voulez.

Il fait mine de se retourner vers Lamarche.

LIANE, lui imposant ses mains.

Non! L'avenir!

LE BERGER.

Mais, le passé?

LIANE.

Passons

LE BERGER.

Pardon. Il m'intéresse.

Voyons... C'est un passé de vénale tendresse.

LIANE, irritée, veut encore retirer ses mains.

Monsieur!...

LE BERGER, les lui gardant de force.

Oh! de l'argent! de l'argent! de l'argent!

Oh! tant d'argent, Seigneur, que c'en est outrageant!

LIANE, intéressée.

De l'argent... tout le temps?

LE BERGER.

On en perdrait l'haleine,

S'il fallait le compter! Votre main en est pleine.

LIANE.

Mais, je suis dans un embarras...

LE BERGER.

Momentané.

Car vous rencontrerez un homme fortuné
— Là, c'est écrit — avant que ce jour ne finisse.

LIANE.

C'est vrai?

LE BERGER.

C'est écrit là.

LIANE, ravie.

Le bon Dieu vous bénisse!

LE BERGER.

C'est au tour de monsieur. Votre main?

LAMARCHE.

La voici.

LE BERGER, après examen.

C'est la parfaite main de l'oisif endurci :
Peu de goût pour les arts, et moins pour la science;
Des appétits charnels; beaucoup d'insouciance...
Tous les signes unis de l'instinctivité.

LAMARCHE, avec humeur.

Vous abusez de ce vocable, en vérité!

LE BERGER.

Que vous dirai-je? Peu de cœur, point du tout d'âme...
Main pareille en tous points à celle de madame.

LIANE.

Merci! Le parallèle est tout à fait galant!

LAMARCHE.

Ce diseur de bonne aventure est insolent.

LE BERGER, faisant mine de lâcher la main.

Si vous n'en voulez point connaître davantage...

LAMARCHE.

Si!... Dans ma main, voyez-vous pas un héritage?

LE BERGER.

Mais, j'en vois même deux, de chiffres imposants.
Le premier, vous l'avez dû faire à vingt-six ans?

LAMARCHE.

Exact.

LE BERGER.

Il est mangé.

LAMARCHE.

Hélas! exact encore!

LE BERGER.

Votre ligne saturnienne se décore,
A cet endroit précis qui marque vos trente ans,
Du signe du second.

LAMARCHE.

Dans deux ans! Que de temps!!!
Dans ma main, voyez-vous par quels moyens s'abrége
Un si grand laps? Pendant ces deux ans, que ferai-je?

LE BERGER.

Pour attendre que le crédit se soit rouvert,
Vous quitterez Paris ét vous mettrez au vert...
D'ailleurs, avant la fin de ce jour pacifique,
Vous prendrez un parti vraiment philosophique.

LAMARCHE.

Quel parti ?

LE BERGER.

Votre main ne s'en explique pas.

Lamarche reste abîmé dans la contemplation de sa main.

LIANE.

Sur ce, berger, bonjour !

LE BERGER.

Vous partez ?

LIANE.

De ce pas

Je retourne à Paris. Soupé de la campagne !

À Lamarche.

Bonne chance, mon cher !

LAMARCHE.

Mais... je vous accompagne...

LIANE.

N'y comptez pas.

LAMARCHE.

Comment ?

LIANE.

Je m'en vais seule.

LAMARCHE.

Mais,

Permettez...

LIANE.

Je - m'en - vais - seule, et je ne permets
Rien !

LAMARCHE.

Mais vous vous perdrez en route... Mais la gare
Est loin d'ici...

LIANE.

Pas de danger que je m'égare !
Je connais le chemin qu'après le déjeuner,
Nous avons pris. Sans vous je saurai retourner
A la ferme...

LE BERGER, à la barrière.

Du reste, on en voit la toiture
D'ici.

LIANE.

J'y trouverai, sans doute, une voiture ?

LE BERGER.

Oui.

LIANE.

Bon. Je pourrai prendre à quatre heures le train.

LAMARCHE.

Mais ne pourrai-je... ?

LIANE.

Allez donc voir pousser le grain
Par là !

Elle montre la droite.

LE BERGER.

Vous y verrez un site... une merveille !

LIANE.

Surtout, ne trichez pas ! Le berger vous surveille
Et ne souffrira pas que vous me rattrapiez.
C'est compris ?

LAMARCHE, résigné.

Eh bien ! oui. Je me tire des pieds.

Il sort lentement par la droite, en contemplant sa main.

SCÈNE VI

LIANE, LE BERGER.

LIANE.

Il part... Je me méfie... Il ne faut pas qu'il triche,
Berger !

LE BERGER.

Soyez tranquille.

LIANE, s'approchant, câline.

Alors, cet homme riche,
Que dans ma main vous avez vu, berger subtil...?

LE BERGER.

Cet homme riche... eh bien ?

LIANE, montrant sa main.

Eh bien ? persiste-t-il ?

LE BERGER.

Il persiste. Voyez cette petite trace...

LIANE, transportée.

Pour la prédiction, berger, je vous embrasse !

Elle lui saute au cou.

Et voilà... Maintenant, au revoir et merci !

Elle s'en va vivement par la gauche.

SCÈNE VII

LE BERGER, seul.

LE BERGER, après un temps.

On ne m'avait pas embrassé comme ceci
Depuis longtemps...

Il s'asseoit sur le banc d'herbe.

On a beau dire, ça vous fiche
Tout de travers... Ah ! que ne suis-je l'homme riche !...

Petit temps. Il se lève.

Ce souhait est malsain...

Allant vers la barrière.

Retourne à tes moutons,
Berger.. Broutez, petits... Tous ensemble, broutons,
Vous, de cette bonne herbe, et moi...

Il remonte en tirant de la poche de sa limousine un petit livre richement relié.

de ce Sénèque,
Débris très vénéré de ma bibliothèque...

Il se rassied.

3

Bien qu'il ait cru devoir s'ouvrir — cas affligeant —
Les veines dans un bain, Sénèque a sur l'argent,
De ci, de là, des aperçus qui sont d'un sage.
Pour nous réconforter, relisons ce passage :

    Il lit avec des tâtonnements de traducteur.

« Une chose qu'un être vil peut obtenir,
» Philosophiquement ne se peut définir
» Un bien... *Or*, tel patron d'une maison publique
» Acquiert, sans peine, une richesse hyperbolique...
» *Donc*, la richesse n'est pas un bien... »

SCÈNE VIII

LE BERGER, LE CLERC.

Le clerc — venu de droite — se tient, depuis un instant,
derrière le berger.

LE CLERC, à part.

         J'en suis vert !
Un berger qui traduit Sénèque à livre ouvert !

LE BERGER, rêvant.

Ah ! combien Sénèque a raison !...

LE CLERC, devant le berger.

        Mais, c'est mon homme !
Le Comte Le Berger, n'est-ce pas ?

LE BERGER, surpris.

          Je me nomme.
Ainsi... Mais comment donc savez-vous...?

LE CLERC.

Je suis clerc
En l'étude de maître Antin... Suis-je assez clair ?

LE BERGER.

Vous l'êtes doublement... Qu'est-ce qui vous amène ?

LE CLERC.

Sans reproche, monsieur, depuis une semaine,
Je vous cherchais dans tous les coins de ce pays.
Dix bergers que j'ai vus sont encore ébahis
D'avoir appris de moi qu'il existait un comte
Dans la profession...

LE BERGER.

Monsieur le clerc, je compte
Vous écouter plus amplement demain matin.
De quoi vous a chargé l'excellent maître Antin,
Mon notaire, voilà surtout ce qu'il m'importe
De savoir...

LE CLERC.

De sa part, monsieur, je vous apporte
Cette lettre.

LE BERGER.

Voyons.

Il lit.

« Votre grand oncle est mort.
» Venez. » Ah! pour le coup, combien Sénèque a tort !

Il lance son livre en dehors de la scène, à droite.

LE CLERC, imitant le geste.

Sénèque, adieu ! tu n'as plus rien qui nous ravisse.

LE BERGER.

Vite, avisons. Vous allez me rendre un service,
Jeune homme. Je vous en serai reconnaissant.

LE CLERC.

Vous héritez : à vous ma vie ! à vous mon sang !

LE BERGER.

Venez ici.

        Il conduit le clerc à la barrière.

   Que voyez-vous ?

        Il lui désigne la gauche.

LE CLERC.

            Un troupeau broute
Dans un grand champ...

LE BERGER.

       Au bout duquel... ?

LE CLERC.

            Passe une route
A l'ombre de pommiers.

LE BERGER.

       Bien. Savez-vous courir ?

LE CLERC.

Monsieur, vous héritez : or, dussé-je en mourir,
Je jure que, pour vous, foi de futur notaire !
Je courrai, s'il le faut, jusqu'au bout de la terre,
Et battrai le record du célèbre Grandin !

LE BERGER.

Vous allez, simplement, rapide comme un daim,

Gagner — la voyez-vous ? — la proche métairie.

LE CLERC.

Oui, je la vois.

LE BERGER, ouvrant la barrière.

En coupant droit par la prairie,
A la condition d'aller...

LE CLERC.

Comme le vent !

LE BERGER.

Vous parviendrez à cette métairie avant
Une dame qui par la route s'y transporte.
Cette dame, vous l'attendrez devant la porte,
Et, dès qu'elle sera près de vous, poliment,
Vous lui répéterez ce petit boniment,
— Que je vous interdis de trouver ridicule :
« Madame, vous allez fréter un véhicule.
» Or, je vous dis — de la part d'un certain berger —
» Que dans ce véhicule il sied de ménager
» Une place pour l'homme riche. »

LE CLERC.

Enigmatique

Discours !

LE BERGER.

Pour vous, d'accord ; mais très cabalistique
Pour cette dame. Il faut qu'elle attende, à tout prix,
L'homme riche à la ferme. Avez-vous bien compris ?

LE CLERC.

J'ai compris.

Il veut s'élancer.

LE BERGER, le retenant.

Ajoutez : « L'homme riche est en vue.
» Partir sans lui serait une grosse bévue. »

LE CLERC.

« Ne partez pas sans l'homme riche », du discours
C'est le point important. J'ai compris — et je cours.

LE BERGER, le lâchant.

Grand train !

LE CLERC.

Comptez sur moi! D'un vrai train d'antilope!

Il disparaît dans le champ.

SCÈNE IX

LE BERGER, LA GUILLOTTE.

Arrivée de gauche, à la fin du colloque, la Guillotte s'est
réinstallée derrière le banc d'herbe, sur lequel elle a de
nouveau disposé cahier, plume et encre.

LE BERGER, au seuil du champ, après un temps.

Ah! le brave garçon ! De quel cœur il galope !...

LA GUILLOTTE, au travail.

Le bou-le-vard-est-laid...

LE BERGER, la face toujours au fond.

> Je vais donc te revoir,
Paris !...

LA GUILLOTTE.

Je-hais-le bou-le-vard...

LE BERGER.

> Je vais pouvoir,
Paris ! me rejeter dans ta fête éternelle,
Et la mener joyeuse, en vrai polichinelle
Dans les bosses de qui tinte un or triomphant !...

Il remonte sur le chemin et aperçoit la Guillotte.

La Guillotte... J'avais oublié cette enfant...
J'en espérais beaucoup... Elle montrait du zèle...
Ah ! quand elle saura que je m'en vais sans elle,
Que je la laisse à sa volaille, quel émoi !

Il vient s'asseoir sur le banc, à droite.

LA GUILLOTTE.

Ah ! ah ! c'est vous, berger ?

LE BERGER, absorbé.

> Oui, Guillotte, c'est moi.

LA GUILLOTTE, écrivant.

Figurez-vous que mes oisons m'avaient lâchée,
Tout à l'heure !

LE BERGER.

Vraiment ?

LA GUILLOTTE.

> La bande était nichée

Dans le verger Lucas, près du petit étang.
Je les ai ramenés chez nous tambour battant,
— Pour les punir... Dites, berger, quelle aventure !

LE BERGER.

Oui...

Petit temps.

LA GUILLOTTE.

Vous ne dites rien... Ma page d'écriture
Est faite... Admirez-en les pleins, les déliés.
Jusqu'aux points sur les i qu'on n'a pas oubliés !
La belle page, pas? Etes-vous content d'elle?

LE BERGER.

Oui. Donne...

Il prend, des mains de la Guillotte, le cahier, qu'il installe
sur ses genoux, et, au haut d'une des pages blanches,
Il se met à écrire.

LA GUILLOTTE, curieuse.

Ah! vous allez faire un mauvais modèle?

SCÈNE X

LE BERGER, LA GUILLOTTE, LAMARCHE.

Par la droite, lentement, Lamarche est arrivé. A peine en scène,
il s'est arrêté, toute la face dans le sénèque du berger.

LA GUILLOTTE, lisant par dessus l'épaule du berger.

J'aime le Boulevard. Le Boulevard est beau.

stupéfaite.

Il est beau, maintenant?...

LAMARCHE, gesticulant du bras gauche.

O Sénèque! ô flambeau!

Il lit.

« Donc, la richesse n'est pas un bien. » Syllogisme
Opportun, quel esprit, quel ange du magisme,
Quel dieu compatissant, quel hasard surhumain
Te fit fleurir, si parfumé, dans mon chemin?

LA GUILLOTTE.

Oh! voyez donc, berger, un acteur!

LE BERGER, illuminé.

Quelle idée!

LAMARCHE, exalté.

De révélation mon âme est inondée!

En parlant, il marche vers la gauche.

Si la richesse n'est pas un bien... c'est un mal...

LE BERGER, le suivant.

Monsieur...

LAMARCHE.

Si la richesse est un mal...

Il s'arrête et réfléchit.

LE BERGER, à part.

L'animal
Est vraiment enfoncé très fort dans son problème.

LAMARCHE, triomphant.

Elle n'est pas un bien!

3.

LE BERGER, lui touchant l'épaule.

Monsieur, c'est un dilemme.

LAMARCHE.

Non, berger, ne vous en déplaise, ce n'est point
Un dilemme. C'est seulement le premier point
D'un syllogisme issu de celui de Sénèque,
D'un syllogisme, au résumé, très intrinsèque.

LE BERGER.

Vous dites : intrinsèque ?

LAMARCHE.

En toute vérité.

LE BERGER.

Bon.

LAMARCHE.

La richesse étant un mal, la pauvreté...

LE BERGER.

Est un bien.

LAMARCHE.

Or, je suis pauvre. Donc, je possède
Ce bien!

LE BERGER.

Comme logique, oh! monsieur ne le cède
En rien au vieux Sénèque

LAMARCHE.

Ah! dame! moi, j'ai fait
— Souvenez-vous — deux rhétoriques!

LE BERGER.

En effet.

LAMARCHE.

Mais, j'y pense, berger, cela tient du miracle!

LE BERGER.

Quoi, donc, monsieur ?

LAMARCHE.

Je me rappelle votre oracle!

LE BERGER.

Quel oracle?

LAMARCHE.

Celui de cet après-midi!
En lisant dans ma main, ne m'avez-vous pas dit
Ces mots : « Avant la fin de ce jour pacifique,
» Vous prendrez un parti vraiment philosophique » ?

LE BERGER.

J'ai dit ces mots.

LAMARCHE.

Eh bien! n'est-il pas merveilleux
Que Sénèque se soit dressé devant mes yeux
A l'heure même où, désolé, d'un philosophe
Je constatais qu'en moi je n'avais point l'étoffe?
Aussi, vous me trouvez bien moins désespéré
Qu'avant. Au fond de moi Sénèque a pénétré.
Au fond de moi je sens un grand calme s'épandre.
Mais, hélas! je ne sais encore quel parti prendre!
Oh! cette incertitude!...

LE BERGER.

On la peut abréger.
Voulez-vous un conseil?

LAMARCHE.

Oui.

LE BERGER.

Faites-vous berger.

LAMARCHE.

Quoi! me faire berger? Vous êtes magnifique!

LE BERGER.

Et pourquoi non? C'est le parti philosophique
Par excellence. Puis, cette profession
Servit d'asile à des gens de distinction.

LAMARCHE.

De ceci pouvez-vous me fournir un exemple?

LE BERGER.

Je puis vous en fournir un exemple très ample.

LAMARCHE.

Fournissez.

LE BERGER.

Avez-vous oublié qu'Apollon
Dut se faire berger?

LAMARCHE.

Parbleu! c'est Fénelon
Qui l'a dit : il garda les blancs troupeaux d'Admète

LE BERGER.

Donc l'état de berger — il faut bien qu'on l'admette,
Puisque, dans son exil, Apollon l'accepta —
Est, sans discussion possible, un noble état.
Prenez-le donc.

LAMARCHE.

Prenez-le donc !

LE BERGER.

Je vous invite

A le prendre.

LAMARCHE.

En besogne, ami, vous allez vite !
Ne me faudrait-il pas tout d'abord un troupeau ?

LE BERGER.

Je vous donne le mien... Puis, contre ce chapeau...
        *s'étant emparé du chapeau de Lamarche, qu'il couvre du
        sien propre, lui-même s'en coiffe.*
Tout le costume, également, je vous le donne.
    *En un tour de main, il se défait de sa limousine et de ses
    grossières chaussures, et il apparaît, en souliers vernis,
    dans l'impeccable tenue d'un boulevardier. (Le troc des
    chapeaux et la transformation doivent se faire avec
    la plus grande rapidité.)*

LAMARCHE, abruti.

Si je rêve ou bien si je dors?...

LA GUILLOTE, stupéfaite.

Sainte Madone !...

Berger ! mon cher berger !

LE BERGER.

Je ne suis plus berger.
Tu vois : Monsieur et moi, nous venons d'échanger.
Il habille de la limousine Lamarche de plus en plus abruti.
Vous n'imaginez pas ce qu'on emmagasine
De résignation sous cette limousine.

LAMARCHE.

Mais, voyons...

LE BERGER, le poussant vers le banc et l'y asseyant.

Laissez-moi parfaire l'avatar.
Il fourre les pieds tout chaussés de Lamarche dans les
bottes du berger. Au lointain, un bruit de grelots an-
nonce une voiture.

LAMARCHE, inerte.

Expliquez-moi... C'est incroyable!...

LE BERGER, tirant sa montre.

Il se fait tard...
Ah! j'oubliais!... Prenez aussi cette houlette...
Il ramasse la houlette dans l'herbe et la lui donne.
L'accessoire est indispensable à la toilette.
Il drape la limousine.
Mais vous êtes très bien ainsi, mon cher garçon!
Et vous n'avez pas l'air du tout contrefaçon.

LAMARCHE, pleurard.

Quoi! berger, moi!...

LE BERGER.

Sèche tes larmes, crocodile.

Vois, ce décor est à souhait pour une idylle.
Je le complète en te laissant mon vis-à-vis.
La Guillotte — tu sais — est savoureuse... Vis,
Dès à présent, selon le mode bucolique,
Et défais-toi de cet aspect mélancolique.
Vis en vaillant berger. Vis comme je vécus,
Quand je vous eus mangés, pénultièmes écus!
Accepte, sans broncher, cet état transitoire.

> Le bruit de grelots, maintenant très proche, cesse.

LAMARCHE.

Au moins, monsieur, veuillez m'expliquer...

LE BERGER.

Mon histoire?

Elle est toute pareille à la tienne...

SCÈNE XI

LE BERGER, LA GUILLOTTE, LAMARCHE, LE CLERC.

> Le clerc, arrivé de gauche, en courant, s'arrête, stupéfait, devant le berger.

LE CLERC.

Epatant!

LE BERGER.

Quoi?

LE CLERC, respectueux, à mi-voix.

La voiture est là. La dame vous attend.

LE BERGER.

C'est bon. Je vous rejoins.

sort le clerc par la gauche.

SCÈNE XII

LE BERGER, LA GUILLOTTE, LAMARCHE.

LA GUILLOTTE, en larmes.

Vous me laissez !

LE BERGER.

Pauvrette !

Je devais t'emmener, oui, mais, tu n'es pas prête.
Pour Paris tu n'as pas encore les façons
Dont savent se parer celles que nous lançons.
Oui, je voulais te faire, ô ci-devant mascotte,
Une éducation parfaite de cocotte.
Mais, mon oncle étant mort trop tôt, le scélérat,
Le berger que voici te parachèvera.
En retour, toi, tu lui diras comme on gouverne
Un troupeau de moutons et comment on hiverne.
Bref, tu l'assisteras comme tu m'assistais.

Il la prend contre lui. (Au dehors, de temps à autre, le cheval marque de l'impatience en de brusques secouements de son collier.)

Ah ! nous fûmes heureux ensemble ! Moi, j'étais

Un berger nouveau genre; elle, gardait ses oies
Selon le bon vieux jeu. Nous mettions donc nos joies
Avec nos peines en commun. Du samedi
Au samedi, ce fut le *modus vivendi*
Auquel, pendant un an, tous deux nous nous brisâmes.
Et nous ne parlions pas de mélanger nos âmes,
Car nos amours allaient sans déclamation.

    Il embrasse la Guillotte et la mène à Lamarche.
Je te la lègue — avec ma bénédiction...

SCÈNE XIII

LE BERGER, LA GUILLOTTE, LAMARCHE, LE CLERC.

    LE CLERC, rentrant de gauche.

Monsieur, pardon. La dame grogne, l'heure passe,
Le champêtre coursier veut dévorer l'espace,
La gare est loin, le train ne nous attendra pas.
Resterons-nous ici jusqu'à notre trépas?

    • LE BERGER.

Non, nous partons. Au revoir, frère. Ici, demeure.

    Il sort suivi du clerc.

SCÈNE XIV

LA GUILLOTTE, LAMARCHE.

Bruit de grelots jusqu'au baisser du rideau. La Guillotte s'est remise à écrire. Lamarche a fait une courte promenade machinale, et il est venu se rasseoir.

LAMARCHE, résolument philosophe.

J'attends patiemment que ma grand'tante meure.

Rideau.

Paris, 18 Décembre 1893 — 15 Janvier 1894.

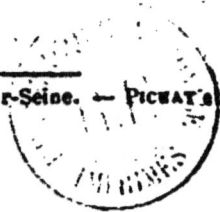

Imprimerie générale de Châtillon-sur-Seine. — PICHAT et PEPIN.

www.ingramcontent.com/pod-product-compliance
Lightning Source LLC
LaVergne TN
LVHW022135080426
835511LV00007B/1142